Sandrine Letellier

VIVRE AVEC VOTRE CHIOT
LABRADOR RETRIEVER

D0896518

EDITIONS
de Bressac

SOMMAIRE

© **Sabre
Communication**
Paris, 1997

DESIGN
Fusion
Communications & Design

DÉPÔT LÉGAL
3e trimestre 1997
ISBN 2-84320-012-1

DIFFUSION/DISTRIBUTION
AMÉRIQUE
Messageries ADP

FRANCE
Casteilla

BELGIQUE
Diffusion Vander

SUISSE
Transat s.a.

Publié par Éditions de
Bressac, une marque
de Sabre communication,
5, avenue du Maréchal Juin,
92100 Boulogne,
France, (01) 41.22.05.29.

Imprimé et relié au
Canada

INTRODUCTION

Comme son nom l'indique, le labrador retriever est un chien de rapport de race anglaise. En effet, c'est en Grande-Bretagne, et peu avant le milieu du XIXe siècle, que le labrador acquiert ses premières lettres de noblesse au sein de la *gentry* lorsque les éleveurs anglais remarquèrent son étonnante habileté dans le rapport du gibier tiré, aussi bien dans l'eau que sur terre, et décidèrent de l'insérer dans la lignée des chiens de chasse.

Il devint ainsi très vite l'auxiliaire indispensable des chiens d'arrêt. Dans toutes les descriptions, dessins ou gravures du XIXe siècle, les termes labrador et terre-neuve sont employés indifféremment, ce qui nous porte à croire, qu'à cette époque, le labrador avec ses caractéristiques actuelles n'existait pas encore.

Aujourd'hui coqueluche incontestée du monde de la pub, des médias et du cinéma (souvenez-vous de la prestation de *Shadow* dans *Retour au bercail* ou *L'incroyable voyage à San Francisco*), il est en passe de devenir à l'aube du XXIe siècle le chien le plus populaire du monde en raflant la vedette au berger allemand.

Bref, vous pourrez presque tout faire de votre labrador, excepté un chien de défense car l'agressivité n'est pas son fort!

UN PEU D'HISTOIRE

On pense qu'un chien aux caractéristiques très similaires à celles du labrador actuel était très répandu dans l'île de Terre-Neuve et au Labrador au XIXe siècle. Les chroniqueurs de l'époque parlent de deux chiens qu'ils appellent respectivement grand et petit terre-neuve et on présume, d'après leurs descriptions, que les deux races auxquelles ils font allusion sont les ancêtres de nos actuels terre-neuve et labradors. Pour conforter cette thèse, nous pourrions évoquer également nombre de témoignages de voyageurs qui racontent l'avoir vu dans les ports de Terre-Neuve. En 1814, le colonel Peter Hawker décrit ainsi une variété de chiens de Terre-Neuve appelés indifféremment labradors de Saint John's ou chiens de Saint John's: «*Excellent pour toutes sortes de chasse, il est habituellement noir et pas plus grand qu'un pointer. Nageur et coureur très rapide, il a de belles pattes, le poil court et la queue moins enroulée que celle du terre-neuve*».

Enfin, tous les textes anciens parlent avec une grande admiration du courage et de la détermination du «petit terre-neuve» qui n'hésitait pas à plonger et replonger dans les eaux glacées pour récupérer les poissons qui s'échappaient des filets des pêcheurs.

C'est vers 1820 que l'on voit débarquer sur le port de Poole, en Angleterre, les premiers labradors arrivés sur les morutiers venant de Terre-Neuve. Leurs talents bien spécifiques intéressèrent les passionnés de chasse et d'élevage qu'étaient les gentilshommes anglais. C'est ainsi que Lord Malmesbury commença la sélection de ce genre de chiens pour les initier au travail de «retrouveur» de gibier. Après des années d'élevage et de sélection sur des chiens de Saint John's très faiblement croisés avec des retrievers anglais, il produisit le premier grand ancêtre des labradors noirs, avec toutes les caractéristiques du labrador actuel. Né en 1885, *Buccleuch Avon* illustre magistralement la race: tête magnifique avec une expression infiniment douce, double poil, queue de loutre typique. En 1903, la comtesse Lorna Howe obtint auprès du *Kennel Club* britannique la reconnaissance officielle de la race. C'est à elle également que l'on doit l'avènement du premier club de la race. Son champion *Banchory Bolo*, né en 1915 et mort en 1927, fut le premier labrador à devenir à la fois champion de *field-trial* et champion de beauté en 1919. En 1932, 1933 et 1937, elle gagna par trois fois le prix *Best in Show* à la fameuse exposition de Crufts avec ses chiens *Bramshaw Bob* et *Cheverella Ben of Banchory*. Cela conforta très certainement le prestige et la popularité grandissante du labrador en Grande-Bretagne. Au début, les noirs prédominaient, puis on commença, peu à peu, l'élevage des jaunes. Quant à la couleur chocolat, beaucoup plus rare, elle fut mise au point pour la première fois par Madame Pauling avec sa championne *Cookridge Tango*.

Le labrador obtient le plus grand succès dans les pays anglo-saxons. Avec le berger allemand et le yorkshire terrier, il fait ainsi partie des trois chiens préférés des britanniques.

En Amérique du Nord, ses effectifs sont considérables et ne cessent de progresser. Au Canada, il arrive en tête des races les plus demandées, avant le golden retriever et le berger allemand.

En France, jusque dans les années trente, le labrador est un chien des plus rares. Mais dans les années 80, la race commence à devenir très populaire pour devenir enfin dans les années 90, le chien le plus en vogue.

Et dans les pays d'Europe du Sud, il continue tranquillement ses «ravages» de popularité.

LA PERSONNALITÉ DU LABRADOR

LE STANDARD

Qu'est-ce qu'un standard?

C'est le *British Kennel Club* qui a publié le fameux «standard des races». Adopté à l'échelon international, le standard d'un chien est la description des normes idéales vers lesquelles doivent tendre tous les éleveurs sous peine d'enregistrer des points de non-confirmation.

Aspect général

Fortement charpenté, au rein court, très actif. Le crâne est large. La poitrine est bien descendue et les côtes bien développées. Le rein et l'arrière-main sont larges et puissants.

Caractéristiques

Bon caractère, très agile. Nez excellent; dent douce. Compagnon fidèle, capable de s'adapter partout.

Tempérament

Intelligent, ardent et docile, il ne demande qu'à faire plaisir. Naturel

---

POUR MIEUX COMPRENDRE

Arrière-main
partie postérieure

Garrot
point le plus haut de la colonne vertébrale, situé entre les deux omoplates

Stop
dénivellation entre la tête et le museau

Rein
région lombaire

amical, sans trace d'agressivité. Il ne doit pas non plus se montrer trop craintif.

Tête et crâne
Crâne large; stop marqué. Tête bien dessinée, sans joues épaisses. Mâchoires de longueur moyenne, puissantes, sans être en sifflet. La truffe est large, les narines bien développées.

Yeux
De dimensions moyennes, exprimant l'intelligence et le bon caractère. De couleur marron ou noisette.

Oreilles
Ni grandes ni lourdes, elles tombent contre la tête et sont attachées plutôt en arrière.

Mâchoires
Les mâchoires et les dents sont fortes et présentent un articulé en ciseaux parfait, régulier et complet, c'est-à-dire que les incisives supérieures recouvrent les inférieures dans un contact étroit et sont implantées bien d'équerre par rapport aux mâchoires.

Cou
Net, puissant et solide, s'insérant dans les épaules bien placées.

Corps

Poitrine bien large et bien descendue avec des côtes en forme de «tonneau» (plein cintre). La ligne du dessus est horizontale. Le rein est large, court et fort.

Pieds

Ronds, compacts; doigts bien cambrés et coussinets bien développés.

Queue

Trait distinctif de la race. Très épaisse à la naissance s'effilant progressivement vers l'extrémité, de longueur moyenne, dépourvue de frange mais recouverte complètement d'un poil court, épais, dense, qui donne une apparence de rondeur décrite sous le nom de «queue de loutre». Elle peut être portée gaiement mais elle ne doit pas se recourber sur le dos.

Poil

Trait distinctif de la race. Il est court et dense, sans ondulations ni franges. Il donne au toucher l'impression d'être rêche. Le sous-poil est résistant aux intempéries.

Couleur

Entièrement noir, jaune ou marron (foie-chocolat). Le jaune va du crème clair au roux (du renard). Une petite tache blanche est admise sur le poitrail.

Taille

Hauteur idéale au garrot de 56 à 57 cm chez le mâle et de 54 à 56 cm chez la femelle.

La confirmation

Elle est assurée par les juges d'expositions et les experts confirmateurs. Cet examen permet de s'assurer que le chien répond bien aux critères de la race à laquelle il appartient. En principe, il ne s'adresse qu'à des labradors inscrits au Livre Officiel des Naissances, c'est-à-dire issus de parents eux-mêmes confirmés.

LE CARACTÈRE

Il faut savoir que tout chien subit nécessairement l'influence conjuguée de la génétique et de l'environnement. D'où l'importance de l'éducation que vous donnerez à votre chien et sur laquelle nous reviendrons plus en détail dans les chapitres suivants. Cependant, il reste évident que certaines races sont plus faciles, plus douces et bénéficient d'un excellent caractère en règle générale. Le labrador est incontestablement un chien doux et gentil qui montre une grande disposition à s'adapter et un grand désir de

faire plaisir à son maître pour peu que ce dernier sache établir une relation d'amour et de respect mutuels.

Le labrador est donc un chien de compagnie des plus attachants qui jouit, en outre, d'une très grande popularité auprès des enfants. Popularité bien méritée si l'on considère tout l'attachement et la dévotion dont il est capable de leur faire preuve! En fait, le labrador est un chien en or qui n'a, en fait, qu'un seul «inconvénient»: il ne supporte absolument pas la solitude. Pour être heureux, le labrador a besoin d'une présence quasi-constante à ses côtés. Seul chaque jour durant des heures entières, votre labrador entrera très vite en dépression. Aussi est-il fortement déconseillé à des gens qui travaillent toute la journée d'opter pour un labrador. J'ai eu la chance de pouvoir rencontrer Felicity Leith Ross, propriétaire de l'élevage *Tintagel Winds Labradors*, qui élève depuis de nombreuses années des labradors. Elle m'a parlé des troubles d'ordre psychosomatique que la solitude pouvait engendrer chez ces derniers. Dans le meilleur des cas, le chien devient un véritable voyou qui saccage tout dans la maison, allant même jusqu'à arracher les tapisseries et décoller les plâtres. Dans le second cas, c'est encore plus grave puisqu'il n'hésitera pas à s'automutiler. Il s'arrachera les ongles des pattes, se grattera continuellement, se mordra la queue jusqu'au sang... Et vous serez obligé d'avoir recours à la cortisone, remède — certes nécessaire — mais ô combien «artificiel» quand il s'agit tout simplement d'un gros manque de compagnie!

Autre particularité de cette race: il ne doit pas nécessairement faire connaissance de son maître définitif dès son plus jeune âge. Chien d'une extrême sociabilité, il est à la fois capable de fidélité mais aussi de grandes démonstrations d'amitié envers tous ceux qui viennent à sa rencontre avec une attitude positive.

Se partageant au sein de la famille, en donnant une part d'amour égale à tous ses membres, le labrador est bien différent des autres chiens. Il a avant tout besoin de contact, et c'est aussi pour cela qu'il peut s'adapter à n'importe quel bon maître à n'importe quel âge. Ainsi, *Charlie*, labrador jaune âgé de 5 ans, champion de France et champion international partira bientôt pour les États-Unis pour y parfaire ses talents d'étalon, me confirme Madame Leith Ross.

Tandis que nous parlons de lui, il est allongé à nos pieds en ronflant bruyamment (autre particularité du labrador), semblant à peine s'apercevoir des taquineries de *Kima* la chatte, nouvelle venue fort bien acceptée par tous les labradors du domaine. Bientôt, *Charlie* ouvrira sa gueule pour bâiller et *Kima* introduira sans aucune retenue sa patte dans le trou rose et béant. De peur de lui faire mal, *Charlie* restera la gueule ouverte... Est-il encore besoin de souligner que le labrador est un trésor de patience et de gentillesse, un chien «pépère» par excellence?

Si vous n'êtes pas un grand sportif, rassurez-vous, votre labrador ne vous en voudra pas outre mesure. Cependant, il reste un retriever, donc un chien rustique qui aime passionnément

l'eau et les promenades en pleine nature. Aussi, même si vous ne destinez pas votre chien à la chasse, sachez que vous lui ferez le plus grand des plaisirs en l'emmenant de temps en temps au bord d'un point d'eau. Il plongera avec délices pour ramener les balles ou les bâtons que vous jetterez dans l'eau et il sera bien difficile de lui faire comprendre que l'heure de rentrer est arrivée!

Le mâle et la femelle

Le choix entre mâle et femelle est affaire d'inclination personnelle. Aussi n'interviendrai-je nullement en matière de libre arbitre. Cependant, je me bornerai à rappeler les différences fondamentales qui existent entre mâle et femelle afin que votre choix puisse s'établir en toute connaissance de cause.

Tout d'abord, il est important de déterminer ce à quoi vous destinerez votre chien. Dans l'hypothèse où vous rechercheriez avant tout un chasseur, le mâle est plus indiqué car il ne connaîtra pas des périodes de faiblesse en pleine saison de chasse

comme cela arrive souvent aux femelles. Pour ceux qui ne veulent qu'un bon compagnon d'une douceur exemplaire avec les enfants ou les personnes âgées, le choix d'une chienne semble être plus judicieux.

À toutes fins utiles, notons que le mâle est, physiquement, un peu plus imposant que la femelle.

Les races voisines

Le golden retriever, le flat coated retriever, le Cheasapeake Bay retriever, le Nova Scotia duck tolling retriever.

LES APTITUDES DE LA RACE

Le labrador est l'un «des chiens de travail» les plus complets au monde. Le travail est sa raison de vivre. Pour en prendre conscience, il suffit de regarder le regard triste de ce chien lorsqu'il ne fait rien. Bref, le labrador a un énorme besoin d'occupation. Si, à l'origine, cette race a été développée pour la chasse et plus particulièrement pour rapporter le gibier tiré, le XXe siècle l'a fait entrer dans l'ère de la polyvalence.

En effet, il prolonge aujourd'hui sa carrière au service de la société entière.

Aux côtés du berger allemand et du golden retriever, il est entré dans de nombreux pays au service des handicapés, pour lesquels il ne cesse de faire des prouesses. Plus doux que le berger allemand, il détrône aujourd'hui ce dernier dans la profession de chien guide d'aveugle.

Son flair et son ouïe exceptionnels l'ont fait entrer également dans les rangs de nombreux corps de police, où il excelle dans la recherche des stupéfiants, des explosifs et des armes. Avec une quête moins intense mais plus prolongée que celle du berger allemand, il est aussi très utile pour retrouver des personnes ensevelies sous des décombres ou des avalanches; ou encore tout simplement lorsqu'il cherche des truffes.

Enfin, *field-trials*, *agility* et concours d'obéissance n'auraient aucun sens sans la participation des labradors.

L'ACHAT DU CHIOT

ADOPTER SON LABRADOR

Pour l'achat d'un chiot, l'âge idéal tourne autour de deux mois. Il est alors en pleine période de socialisation, c'est-à-dire qu'il est prêt, normalement, à accueillir les autres animaux et l'homme. Il est important qu'il ne connaisse pas, durant cette période, d'expérience «négative» qui pourrait avoir des effets à long terme sur son comportement. Il ne faut en aucun cas aller chercher votre chiot avant 6 semaines. De toute façon, tout éleveur sérieux ne vous laissera jamais emporter un chiot âgé de moins de 6 semaines.

En ce qui concerne l'élevage, n'hésitez pas à demander des renseignements à la Société Centrale Canine (SCC), au Club Canin Canadien (CCC) ou au *Retrievers Club* de votre pays. Ils pourront vous être utiles en vous conseillant des éleveurs fiables. Lors de votre visite chez ces derniers, observez bien la propreté des lieux, le comportement de la mère et de toute la portée et vérifiez que les chiots paraissent en bonne santé (des yeux larmoyants, une peau grattée et irritée, un ventre gonflé sont des mauvais signes).

LES PAPIERS

Lorsque vous achetez un chien, le vendeur doit vous remettre un certain nombre de certificats. Réclamez-les! Sans eux, vous ne pouvez pas obtenir de pedigree.

L'attestation de vente

Elle doit mentionner la date de la vente, l'identité du chien, le prix, les coordonnées des vétérinaires, du vendeur et de l'acheteur. L'éleveur notifie également l'inscription provisoire du chien au Livre Officiel des Naissances. Cette attestation doit être signée par les deux parties.

Le certificat de naissance

L'éleveur doit adresser dans les deux semaines suivant la mise à bas, une déclaration de naissance à la SCC ou au CCC. Après vérifications, l'organisme adressera à l'éleveur une proposition d'enregistrement de chaque chiot au Livre Officiel.

Quiz L'éleveur retournera les enregistrements au fichier central ainsi que les frais d'inscription.

Vous pourrez alors disposer d'un certificat de naissance que l'éleveur vous délivrera gracieusement.

Le tatouage

Tous les chiens vendus ou donnés doivent être tatoués. L'immatriculation est située dans l'oreille ou à l'intérieur de la cuisse du chien.

Le carnet de santé

Il est délivré lors du premier vaccin. Le vendeur n'est pas obligé de vous le fournir, mais tous les éleveurs sérieux le feront.

Le pedigree

Pour que votre chien obtienne son pedigree, il faut qu'il soit confirmé lors de son douzième mois. Être confirmé signifie qu'il correspond au standard établi pour la race. Une confirmation s'effectue généralement au cours d'une exposition. Un expert-confirmateur décide si votre chien est apte ou inapte à avoir une descendance. Une fois la confirmation obtenue, renvoyez les certificats de confirmation et de naissance à la SCC ou au CCC. Votre labrador sera ainsi inscrit au Livre Officiel et se verra délivré un pedigree définitif.

La garantie légale des vices cachés

Demandez à l'éleveur une garantie contre les vices cachés graves et antérieurs à la vente. Ainsi, si votre chien est atteint de la maladie de Carré (le *distemper*), de l'hépatite de Rubarth ou de parvovirose, la vente sera nulle et le vendeur devra supporter tous les frais engagés par l'acheteur. Les tares génétiques:

l'ectopie testiculaire — le testicule n'est pas descendu dans la bourse — chez les animaux âgés de plus de six mois, l'atrophie rétinienne et la dysplasie coxo-fémorale — une malformation — chez les chiens vendus avant un an sont également couvertes par cette garantie. En France, l'acheteur est protégé par la loi Nallet du 22 juin 1989.

L'ARRIVÉE À LA MAISON

Le grand jour est enfin arrivé! Vous vous préparez à accueillir votre nouveau compagnon. Si vous devez aller le chercher en voiture, l'idéal est de partir tôt le matin afin qu'il puisse prendre son premier repas dans sa nouvelle maison sans avoir été trop incommodé par les inconvénients du trajet. En effet, les chiots supportent mieux la voiture s'ils ont l'estomac vide. Avant de l'emmener définitivement, demandez à l'éleveur la couverture qui lui aura servi dans son ancien foyer. C'est un bon moyen pour rassurer votre nouvel ami qui entre dans un monde où tout lui est étranger, voix et nourritures différentes, personnes et odeurs inconnues...

Durant le trajet, ne le grondez surtout pas s'il fait pipi ou s'il vomit (vous aurez pris soin d'emmener une vieille serviette à cet effet) et ne le sortez pas de la voiture, parce qu'il n'est pas complètement vacciné, ou alors depuis peu, donc pas totalement immunisé contre les maladies. Si vous avez des enfants, il est préférable qu'ils ne soient pas là les premières heures où le chiot explorera son nouveau territoire. Laissez-le tout inspecter, pour que l'endroit lui devienne familier et qu'il se sente le plus rapidement possible de nouveau chez lui.

Montrez-lui ensuite ses «appartements». S'il va s'endormir dans un autre endroit que celui que vous lui avez préparé, laissez-le faire. De même, nettoyez les petits accidents sans gronder. Et évitez surtout de le caresser continuellement, de lui imposer la visite prématurée de voisins et de le déranger inutilement quand il dort.

Veillez également à ce qu'il ait toujours de l'eau bien fraîche à sa disposition. Théoriquement, la première nuit ne devrait pas poser trop de problèmes, si le chiot, fatigué par le voyage, s'endort facilement. Mais il se peut aussi que cette première nuit s'avère être une expérience difficile, tant pour le chiot que pour son maître.

La vieille couverture ramenée de son ancien domicile et un croûton de pain dans son panier pourront parfois être efficaces, mais le plus souvent, le nouveau venu ne parviendra pas à se calmer et se mettra à pleurer au bout d'un moment. Si cela dure trop longtemps, allez le consoler en lui parlant doucement et installez une bouillotte dans son panier. Il se blottira contre elle en croyant retrouver la chaleur de ses frères et sœurs et ne tardera pas à s'endormir. Vous lui tiendrez compagnie jusqu'à ce moment-là, l'important étant de ne pas céder en l'emmenant dormir dans votre chambre à coucher. Selon le tempérament de votre chiot, la période d'adaptation peut être plus ou moins longue, mais en règle générale, mélancolie et insomnie disparaissent au bout de trois à quatre jours.

L'ÉDUCATION DE VOTRE CHIOT

LES GRANDS PRINCIPES

L'éducation d'un chiot exige de son maître de la patience, de l'amour et de l'entendement, mais aussi de la fermeté. Chaque chien a ses propres caractéristiques et son propre caractère que l'éducation se doit de moduler. Aussi doux et affectueux que puisse être le labrador, il reste néanmoins un chien, et comme tout chien, il a un esprit grégaire, c'est-à-dire qu'il vit dans un groupe, à l'intérieur duquel il reconnaîtra d'emblée les hiérarchies auxquelles se conformer. Le chiot a besoin de sentir une autorité au-dessus de lui et son maître ou la personne qui s'occupera le plus de lui au sein d'une famille devra jouer nécessairement le rôle du «chef de meute» sans quoi vous risquez très vite d'être débordé par un garnement qui n'en fera qu'à sa tête!

On s'occupe bien de lui, on l'aime, on le respecte, mais il reste malgré tout le «petit dernier du groupe» dont nous exigeons l'obéissance à nos commandements. Même si le labrador est un chien extrêmement intelligent, n'oublions pas que, comme tous les membres de l'espèce canine, son intelligence est limitée et que de nombreux cas de désobéissance ne seront pas dus à la mauvaise volonté, mais à l'incompréhension. C'est sur cette base que nous commencerons avec la plus

grande prudence l'éducation du chiot qui apparaît dans notre foyer.

Des études récentes ont démontré que le ton de la voix avec laquelle vous vous adressez à un labrador semble être le facteur le plus important pour parvenir à communiquer avec lui. Le premier «NON» que vous lui adresserez au moment où il se comportera mal devra être prononcé d'un ton ferme et sans appel, mais aussi sans hystérie aucune. Par la suite, il calquera son comportement sur les modulations de la voix qui «encourage à faire» ou qui «gronde». Maintenant, la grande question demeure: à quel âge doit-on commencer le dressage du chiot? Dès le premier jour que vous irez chercher votre chiot et le ramènerez à la maison, son dressage pourra commencer car la relation fondamentale d'amour et de respect mutuels doit se nouer dès le début de votre vie commune. N'oubliez pas cependant que le jour où le chiot sera détaché subitement de tout ce en quoi il avait confiance (mère, frères et sœurs, personnes connues, endroit où il dormait), il sera terriblement angoissé et désemparé. Aussi faudra-t-il faire preuve d'une grande douceur et ne pas le «braquer» contre vous.

L'APPRENTISSAGE
DE LA PROPRETÉ

L'éducation hygiénique de votre chiot fait partie intégrante de son dressage. Or, pour tous types de dressage, c'est le phénomène de la répétition qui est fondamental. En effet, votre chiot ne sera pas propre du jour au lendemain, il faudra créer en lui des mécanismes d'association. En général, les chiens font leurs besoins après les repas. Amenez le chiot dehors après qu'il ait fini de manger: ainsi, il associera la nourriture avec la sortie et prendra, par la suite, l'habitude d'aller tout seul vers la porte pour que vous le sortiez.

Cependant, les choses ne sont pas toujours aussi simples, car il arrive fréquemment chez un jeune chiot que ces besoins physiologiques surviennent à d'autres moments. Si vous n'avez pas su prévenir les dégâts à temps, montrez-lui son méfait en prononçant un «NON» ferme, puis amenez-le dehors (même si c'est trop tard) et flattez-le. Inutile de lui mettre le nez dedans, de le gronder ou de le taper, car en matière d'éducation, la récompense est souvent bien plus efficace que la punition. Enseigner la propreté à votre chiot requiert de votre part beaucoup de temps et de patience au début. Mais si, dans les premiers jours, vous êtes suffisamment présent à ses côtés pour réagir systématiquement lorsqu'il y a des erreurs, votre labrador sera propre très rapidement.

LES PREMIERS ORDRES

Avant d'enseigner ses premières leçons à votre nouvel élève, n'oubliez pas qu'il est un labrador, donc un chien de chasse. Par instinct, il aura tendance à tout prendre avec sa gueule (de vos chaussons qui traînent dans la chambre au journal abandonné sur le canapé en passant par le stylo oublié sur la table basse).

Dès que vous le voyez s'emparer d'une chose sans votre autorisation, prononcez un «NON» sec. Si vous avez affaire à un sujet ayant un instinct de chasseur très développé, il se peut qu'il s'échappe avec l'objet pour vous narguer. Vous l'appellerez alors d'un ton gai et plein de promesses en allant dans la direction opposée. Lorsqu'il vous aura rejoint, donnez-lui sa sucrerie préférée en échange de l'objet volé. Il ne faut en aucun cas le poursuivre car votre garnement finirait par en faire un jeu, puis perdrait son instinct inné de rapporteur, ce qui serait fort dommage, si par exemple, vous désirez en faire un bon chasseur.

Le rappel

C'est le premier ordre auquel tout chien doit répondre car il y va de sa sécurité. C'est donc celui que vous devez lui faire assimiler au plus vite. Ainsi, le jour où il verra un chat ou un véhicule, il ne traversera pas la rue, comme un fou malgré votre rappel. Pratiquez plusieurs séances de rappel au cours de la journée et récompensez toujours votre chiot (même s'il vient tardivement). Plus il aura répondu vite et plus vous le féliciterez.

«Assis»

C'est l'ordre le plus facile à enseigner à votre chiot. Il suffit de poser une main sur son museau et d'appuyer l'autre sur le bas du dos en répétant clairement le mot «assis» durant toute la durée de l'exercice. Vous pouvez aussi profiter du fait que votre chien s'assoit pour prononcer le mot «assis». C'est la «méthode par assimilation», qui a toujours de bons résultats en matière de psychologie canine. Elle reste valable pour tous les autres ordres.

«Couché»

Cet exercice fera comprendre à votre chiot que vous êtes le maître absolu. C'est une position très importante, surtout si vous avez l'intention d'emmener votre chien partout avec vous. En obéissant correctement à cet ordre fondamental, il passera presque inaperçu dans les lieux publics que vous fréquenterez avec lui.

Sachez cependant que c'est le dernier exercice de base et qu'il ne doit pas être enseigné à des chiots trop jeunes, soit avant six mois. Exercez d'une main une pression sur le bas du dos de l'animal, tandis que de l'autre vous ramènerez ses pattes antérieures vers l'avant pour le faire céder. Répétez à chaque fois des séances de plus en plus longues.

N.B.: N'achevez jamais une séance de dressage sur un échec! (Prenez toujours l'exercice le plus facile pour finir.)

Le collier et la laisse

Il y a des chances pour qu'il fasse la tête la première fois... Mais, peu importe! La laisse est la garante de sa sécurité, surtout si vous emmenez votre chiot en ville. En liberté, il pourrait paniquer aux bruits de la circulation et faire n'importe quoi, au péril de sa vie, et ce, avant que vous ayez eu la possibilité de réagir.

L'APPARTEMENT, LA VOITURE, LE JARDIN ET LA SOLITUDE

Le labrador n'est pas à proprement parler un chien d'appartement. Cependant, il peut le devenir pour peu que vous soyez assez attentif, compréhensif et autoritaire dès le début de son éducation. Il faudra «hiérarchiser» les sottises de votre chiot: si un pipi sur le tapis du salon est encore tolérable à l'âge de deux mois, les coussins du canapé déchiquetés à six mois sont, en revanche, inacceptables. La plupart du temps, les chiots et plus tard les chiens, se comportent comme des vandales parce qu'il leur manque l'essentiel: à savoir, la compagnie du maître et les promenades! En effet, si dès le début, vous respectez les besoins fondamentaux de votre chien, tout devrait se passer le mieux du monde dans votre intérieur. En aucun cas, un chiot ne doit rester enfermé des heures durant. Il faut le sortir très régulièrement, non seulement pour qu'il puisse satisfaire à ses besoins, mais aussi pour le «socialiser», le plus rapidement possible, au monde extérieur. Une fois que ses vaccins l'auront complètement immunisé, vous lui donnerez donc la possibilité de rencontrer ses congénères en l'emmenant se promener dans les parcs, les bois et autres lieux où tout beau labrador peut faire des rencontres et apprendre à aimer le monde et les autres. Il faut le socialiser au plus tôt afin qu'il ne devienne pas un chien craintif et peureux à l'excès.

Dites-vous bien que le labrador est un chien qui ne demande qu'une chose: aimer et être aimé par le plus grand nombre de personnes. Nous l'avons déjà dit et nous ne le répéterons jamais suffisamment: le labrador peut s'adapter à tout, sauf à la solitude qui le rend fou de douleur et d'angoisses. Il sera plus

heureux de vivre en appartement avec un maître quasiment omniprésent que d'avoir des hectares et des hectares de champs à sa disposition où il risque d'errer seul chaque jour. D'ailleurs, il se peut fort qu'il n'accepte absolument pas cette situation: face à la solitude, il tentera de fuguer pour «trouver» du monde.

Néanmoins, il y aura des moments où vos impératifs ne vous permettront pas d'emmener votre chien. Il faut donc lui «enseigner» la solitude pour qu'il puisse la supporter relativement bien toutes les fois où elle sera inéluctable. À votre retour, ramenez-lui un petit jouet ou faites une grande promenade en sa compagnie et montrez-lui combien vous êtes heureux de le retrouver. Très courtes au début, les absences devront être prolongées progressivement, sans pour autant devenir intolérables au chien qui, à un moment ou à un autre, aura besoin de sortir se soulager. Pensez à lui qui n'a pas, hélas, la possibilité d'utiliser vos cabinets de toilette, et doit vous attendre pour sortir!

Si vous possédez un jardin, enseignez à votre chiot dès son plus jeune âge le respect des plantations, sans quoi vous risquez fort de voir disparaître toute harmonie florale de vos parterres et vos allées. En bon retriever qu'il est, votre labrador arrachera fleurs et arbustes fraîchement plantés pour avoir le seul plaisir de les rapporter à vos pieds. À la première fleur touchée et arrachée, un «NON» sec et ferme, accompagné du retour systématique dans la maison comme punition (tandis que vous resterez sans lui dehors), aura toutes les chances de dissuader votre apprenti jardinier!

Il risque alors de passer son temps à la fenêtre en vous regardant tristement, la tête pleine de regrets d'avoir «mal fait»...

LE LABRADOR ET LES AUTRES ANIMAUX

Le labrador est un chien qui, normalement, s'adapte fort bien aux autres animaux. Cependant, si vous possédez déjà un autre animal, il faudra respecter certaines règles de base afin d'assurer une bonne cohabitation entre le nouveau venu et l'ancien.

Insertion du chiot
dans une famille possédant un chien adulte

Étant le nouveau venu, le chiot doit adopter une attitude de soumission envers le chien adulte. S'il se montre récalcitrant, on le couchera en position de soumission, pour que l'ancien puisse le flairer tout à son aise et que la hiérarchisation s'établisse spontanément. L'ancien doit garder sa position de dominant à tous les niveaux: il mange et sort le premier et on lui manifeste un intérêt encore plus grand qu'auparavant.

De cette façon, on essaiera d'atténuer une jalousie et une hostilité latentes, et les choses devraient bien se passer... Si votre chiot labrador a beaucoup de caractère et qu'il se montre impertinent avec le chien adulte, on laissera ce dernier le corriger, en surveillant toutefois qu'il n'y ait pas de risques de blessures importantes.

En général, l'adulte grognera et menacera de mordre pour établir son autorité jusqu'à la soumission du chiot. En général, et dans la mesure du possible, il vaut mieux laisser les chiens résoudre leurs conflits ensemble car l'intervention du maître pourrait déstabiliser la hiérarchie et renforcer la dominance du chiot, qui, par la suite, en ferait voir de toutes les couleurs au chien adulte. Toutefois, si vous possédez un chien agressif envers ses congénères, évitez de prendre un chiot, car quoiqu'on en dise, les médications antiagressives et les programmes de rééducation sont loin d'être la panacée!

Insertion du chiot
dans une famille possédant un chat

Contrairement aux idées reçues, chats et chiens peuvent nouer de très bonnes relations. Mais ne vous attendez tout de même pas à ce que votre chat ronronne à l'arrivée du nouveau venu. Le chat est très attaché à son territoire qu'il surveille jalousement. Pour lui, votre maison et tout ce qu'elle contient, y compris vous, lui appartient. Au début, il feulera, avancera en gonflant le poil pour manifester son mécontentement et terroriser votre chiot. La meilleure technique est celle qui tend à assimiler le chiot à un meuble dans l'esprit de votre chat.

Vous laisserez ce dernier circuler librement dans la maison tandis que le chiot sera, par exemple, attaché au pied d'une

table sous votre surveillance. Ne les laissez jamais seuls ensemble au début car le chat pourrait aveugler votre labrador. Après avoir craché, grogné et juré, votre chat risque de s'enfermer dans une attitude de superbe ignorance, tant à votre égard qu'à celui du chiot, pendant quelques jours. Puis, lentement, il finira par reprendre contact avec vous et par considérer le nouveau venu avec plus de curiosité que d'hostilité.

Au bout de quelque temps, il l'acceptera définitivement et il n'est pas rare de voir un chat «s'enticher» d'un chiot. Il y a quelques années, mon chat refusait catégoriquement l'arrivée d'un jeune caniche dans la maison. Au bout d'un mois, ils étaient devenus les meilleurs amis du monde, le chat toujours collé sur les talons du chiot dont il léchait passionnément les oreilles!

SON ALIMENTATION

L e régime du chiot varie naturellement en fonction de son âge et de sa taille. Lorsque vous irez chercher votre labrador chez l'éleveur, celui-ci vous expliquera comment nourrir votre chiot, de manière à ne pas trop le perturber dans les habitudes alimentaires qu'il aura prises. À priori, il n'y a pas de raison pour que vous ne suiviez pas la feuille de régime préconisée par l'éleveur, sauf dans certains cas: régime tout viande très mauvais pour la santé, régimes inutilement complexes bourrés de nutriments et de compléments tels que plusieurs jaunes d'œufs par semaine et beaucoup trop de laitages. Demandez conseil à votre vétérinaire afin de rééquilibrer l'alimentation de votre labrador.

LES ALIMENTS INDISPENSABLES

La viande

Elle est vitale au bon développement de votre chien. Préférez les viandes maigres rouges, crues, hachées, aux viandes cuites qui perdent leurs vitamines. Le cœur, l'épaule, la joue de bœuf sont ainsi des morceaux à privilégier. Si le chien est allergique au bœuf — cela arrive — remplacez-le par du mouton ou de la volaille. Du foie, une fois par semaine, peut remplacer la ration de bœuf. La viande de votre chiot doit être de premier choix. Il lui faut en effet des protéines facilement digestibles.

Les os

Les os permettent au chiot de se débarrasser du tartre. Ils contiennent de plus du calcium. À partir du cinquième mois, n'hésitez donc pas à offrir, une à deux fois par semaine, les os de palette de veau ou un os en peau de buffle avec du fluor (jamais d'os de poulet, ni de lapin). Il existe également de l'os en poudre que l'on peut ajouter à sa pâtée. Attention, lui en donner trop risquerait de le constiper.

Les poissons

Avant l'âge d'un an, vous pouvez donner du poisson bouilli de temps en temps. Choisissez-les maigres. Préférez le colin (morue) au thon et vérifiez avant de lui donner, qu'il n'y ait plus une seule arête.

Les légumes

Évitez les choux et les légumes difficiles à digérer. En revanche, essayez de lui faire manger des carottes, des haricots verts, des épinards, de la salade... Les légumes doivent être bouillis avant d'être mélangés à la pâtée.

Les produits laitiers

Un bon cube de fromage remplace avantageusement le sucre que l'on offre en récompense. Le lait peut donner des diarrhées à votre chien.

Les farineux

Les sucres lents sont excellents à condition de ne pas trop en abuser. Votre chien risque en effet de prendre de l'embonpoint. Ajoutez à la viande hachée un peu de riz, des pâtes, de la semoule ou des flocons de céréales... À proscrire: les pommes de terre, les légumes secs difficiles à digérer.

L'eau

Fraîche mais pas glacée. Changez l'eau à chaque repas.

Sachez aussi que le labrador a une prédilection particulière pour les sardines à l'huile. Données en quantité raisonnable, elles sont excellentes pour sa santé et pour son poil.

Respectez les règles d'hygiène élémentaires

- ☐ Nettoyez sa gamelle après chaque repas
- ☐ Jetez la nourriture qu'il a dédaigné une heure après le début de son repas
- ☐ Servez-lui ses repas tièdes ou froids, mais pas glacés. Si, par exemple, vous préférez lui donner des boîtes d'aliments pour chien, sortez-les du réfrigérateur quelque temps avant de le servir

LA RATION DU CHIOT

Une fois le chiot ramené chez vous, il sera possible de l'habituer progressivement à manger un peu de tout. Vous pourrez introduire des aliments nouveaux dans sa gamelle, tout en sachant que le chien a des besoins alimentaires différents des nôtres, et que par conséquent, il ne doit en aucun cas manger comme ses maîtres.

En général, un chiot labrador doit être nourri trois fois par jour jusqu'à l'âge de six mois, deux fois par jour de six mois à un an puis une fois par jour. Une ration fractionnée en de multiples prises risque d'entraîner l'obésité à laquelle le labrador est fortement prédisposé. Le chiot labrador grandit très vite et doit être très bien nourri durant sa période de croissance. En vous basant sur le tableau remis par l'éleveur et sur l'état de votre chien, vous n'hésiterez pas à augmenter ou diminuer les quantités de nourriture afin que le chiot ne devienne ni trop gras, ni trop maigre.

S'il est un aliment qu'il faut proscrire à tout prix de l'alimentation du chiot, c'est le lait de vache qui peut occasionner de très grosses diarrhées. Au début du sevrage, vous remplacerez donc le lait de sa mère par du lait maternisé spécial avec de la viande d'excellente qualité. Ensuite, vous passerez à une alimentation plus sèche, constituée de viande ou poisson, de riz bien cuit, de pâtes, de flocons de céréales, de vitamines et de minéraux.

Le lait, la viande et le poisson doivent être plus abondants que les céréales et constituer 80 % de la ration quotidienne d'un chiot de quarante jours, puis 60 % de celle d'un chiot de deux mois. Peu à peu, vous augmenterez la quantité de céréales, pâtes, riz ou légumes.

L'HYGIÈNE ALIMENTAIRE ET L'OBÉSITÉ

Est-il encore besoin de répéter que le labrador est un chien qui a une forte prédisposition à l'obésité? Cette tendance à l'embonpoint se développera au moment de la croissance, si vous donnez des repas trop fréquents et trop copieux à votre chien. Il y a certes, d'autres facteurs qui peuvent entrer en ligne de compte, tels que le manque d'exercice quotidien, les repas irréguliers ou encore trop de friandises. N'oubliez pas, en effet, que le labrador est par nature un véritable vorace, qu'il a un rapport plus qu'intime avec la nourriture et qu'il n'hésiterait pas à se «damner» pour un petit gâteau ou un chocolat en quémandant à droite et à gauche avec des yeux à vous faire fondre. De temps en temps, vous pouvez lui donner une friandise. Il ne faut cependant pas en faire une habitude car ce serait extrêmement préjudiciable à la bonne santé de votre chien.

Les sucreries et les graisses entraînent fatalement un excès de poids avec son cortège de maux habituels: troubles cardio-vasculaires, diabète, problèmes de foie.

Il est également très important de servir les repas à heures fixes et de ne pas lui servir vos restes de repas après que vous ayez mangé.

Les aliments à éviter

- ☐ Les pommes de terre, les haricots secs, les oignons et les choux favorisent l'apparition de troubles digestifs
- ☐ Le blanc d'œuf, à cause de l'albumine
- ☐ Le lait de vache
- ☐ Les os dangereux sont à proscrire: évitez tout particulièrement les os de poulet, de lapin, de porc et de mouton. Ils peuvent entraîner une perforation de l'intestin, des risques d'occlusion et de constipation.

SA SANTÉ

LES VACCINATIONS

Il est absolument impossible d'établir un programme de vaccinations identique pour tous les chiots, car celui-ci variera nécessairement en fonction de l'origine de chaque animal, c'est-à-dire en tenant compte des conditions d'élevage (milieu infecté ou non).

Cependant, quelques règles de base pourront vous guider, tout en sachant que c'est à votre vétérinaire de dresser un programme adapté à votre labrador. En général, ce n'est qu'à partir de trois mois que votre chiot sera complètement immunisé. Toutefois, si vous voulez préserver la vie de votre nouveau compagnon, il est indispensable de le protéger avant cette date contre deux fléaux terribles: la maladie de Carré (le *distemper*) et la parvovirose qui font des ravages chez les jeunes chiots. Lors de l'achat de votre chiot, vérifiez que celui-ci ait bien reçu son premier vaccin obligatoire. Le CHP est inoculé au chiot vers l'âge de deux mois. On l'appelle aussi vaccin trivalent, car il l'immunise contre la maladie de Carré, l'hépatite infectieuse et la parvovirose. Rappelez-vous que ces vaccins ne seront efficaces que s'ils sont complétés un mois après. Lors du rappel, il est bon d'ajouter les vaccins contre la leptospirose et la pirosplasmose car le labrador est un chien d'eaux et de forêts.

Toutes les vaccinations doivent être répétées après le troisième mois. Avant cet âge, l'immunité n'est que partielle; aussi faut-il éviter d'emmener le chiot dans des zones à risques de contagion élevés (parcs, bois...).

En outre, n'oubliez pas qu'il faut être très vigilant dans les 10 jours suivant la vaccination (et même aussi après les rappels) car la protection immunitaire du chiot est extrêmement réduite durant cette période. On ne fait vacciner son chiot que s'il est en bonne santé et après l'avoir correctement vermifugé.

Les parasites

ATTENTION! Transmise par la tique lorsque votre animal traîne dans les herbes et les buissons, la piroplasmose détruit sévèrement les globules rouges du chien. L'incubation est de 2 à 35 jours. Les fièvres sont très élevées avec accélération du pouls et de la respiration. Le vaccin contre la piroplasmose n'est pas efficace à 100 %. Aussi, même si votre chien est vacciné contre

PETIT GUIDE DES
RAPPELS DE VACCINATION

Maladie de Carré (*distemper*): tous les deux ans

Hépatite infectieuse: tous les deux ans

Parvovirose: tous les deux ans

Rage: tous les ans, à la date anniversaire de la première injection

Leptospirose: tous les ans ou tous les six mois si votre labrador chasse et se baigne souvent

Piroplasmose: tous les six mois

la piroplasmose, je ne saurais trop vous conseiller d'examiner régulièrement la robe de votre labrador afin de détecter la présence de tiques car ces dernières peuvent lui transmettre d'autres maladies, telles que la Boréliose et l'Ehrlichiose canine. Ces deux maladies sont en nette progression depuis quelques années en raison des déplacements et des voyages de plus en plus fréquents des animaux. Elles occasionnent, entre autres, des problèmes de peau, de la fièvre, de l'anorexie et des hémorragies. À ce jour, il n'existe pas encore de vaccins contre ces deux maladies. Aussi, dans l'hypothèse où vous découvririez que votre chien est infesté de tiques et n'est pas en forme, emmenez-le au plus tôt chez le vétérinaire.

Pour retirer une tique, il est important d'utiliser de l'éther car ce parasite est fort résistant. Vous prendrez donc soin au préalable de bien écarter les poils du chien, puis à l'aide d'un pansement imbibé d'éther, vous endormirez la tique pendant une dizaine de minutes. Après, au moyen d'une pince à épiler, vous retirerez la totalité de l'animal (il est important de retirer la tête de la tique qui s'accroche, car c'est elle qui transmet les maladies).

En plus des tiques, il y a d'autres *parasites externes*, tels que les poux et les puces, très nocifs, car ils sucent le sang de votre chiot en provoquant irritations et démangeaisons infernales. À titre préventif, il existe aujourd'hui des produits extrêmement efficaces contre tiques, puces et poux. Après pulvérisation de l'un ou l'autre de ces produits, votre animal est tranquille pour au moins trois semaines. Après quoi, vous devrez renouveler l'opération.

Les parasites internes sont dus à des vers ronds (nématodes) intestinaux (ascaris). Ils peuvent infester le chiot si vous ne le vermifugez pas soigneusement. Les vermifuges les plus faciles à administrer sont les vermifuges en pâte car ils se mélangent avec la nourriture, et sont inodores. Le chiot doit être vermifugé tous les mois, jusqu'à un an pour un mâle et

jusqu'aux premières chaleurs pour une femelle que l'on vermifugera ensuite lors de chaque chaleur.

LES MALADIES HÉRÉDITAIRES

Même si le labrador est un chien de constitution robuste, il n'échappe pas à certaines sensibilités pathologiques innées à sa race.

La dysplasie de la hanche

C'est une malformation de l'articulation de la hanche d'hérédité discutée (30 %). Elle peut apparaître au cours de la croissance du chiot. Si son degré d'affection (classé de A à E) est élevé, elle provoque de sérieuses boiteries chez le chien qui n'a pas encore atteint sa première année. Lors de l'achat d'un chiot, il est indispensable de se renseigner sur les parents et les grands-parents qui doivent être reconnus exempts de cette tare héréditaire. On ne connaît aucun traitement de cette maladie. Toutefois, il faudra éviter lors de la croissance de votre chiot des exercices trop violents, tels que la montée et la descente répétées d'escaliers.

Pour les futurs reproducteurs, une radiographie est obligatoire vers l'âge d'un an.

L'obésité

Le labrador a une forte prédisposition raciale à l'embonpoint puisqu'il arrive au tout premier rang des races concernées par le problème de l'obésité. Loin derrière lui, le golden retriever arrive en 27e position. Les labradors doivent être ronds, mais pas gras. Un excès de poids entraîne nécessairement des troubles cardiaques, du diabète, des dysfonctionnements du foie. Aussi est-il nécessaire d'imposer à votre gourmand atteint d'obésité une restriction alimentaire sous contrôle vétérinaire. N'oubliez pas non plus que l'obésité favorise aussi l'apparition de la dysplasie de la hanche. Pour éviter cette dernière, vous aiderez votre chien à monter en voiture, jusqu'à l'âge de huit mois.

LES SOINS D'URGENCE

L'intoxication

Si vous avez la certitude que votre labrador a avalé des produits toxiques, n'essayez surtout pas de le faire vomir mais emmenez votre chien en urgence chez le vétérinaire, avec le nom du produit avalé, et si possible l'emballage indiquant la composition du dit produit.

Le coup de chaleur

Ne laissez jamais un chien, et a fortiori un chiot, dans une voiture au soleil en été, toutes vitres fermées. Votre chiot se déshydratera rapidement et il aura de la fièvre. Au delà de 40 °C, il risque le coma et la mort.

Si vous pensez qu'il a été victime d'une insolation, faites le boire, mouillez sa truffe et tout son corps en l'enroulant dans une serviette humide en attendant de voir le vétérinaire. Ne le plongez surtout pas dans de l'eau glacée, il pourrait attraper une broncho-pneumonie.

Les piqûres d'insectes

Dans le meilleur des cas, l'animal a été piqué sur sa robe une seule fois. Il suffira alors de refroidir la plaie à l'eau froide et d'administrer des antihistaminiques par voie orale. En cas de piqûres multiples, emmenez immédiatement l'animal chez le vétérinaire car il y a de fortes possibilités de réactions allergiques graves.

À l'intérieur de la bouche, il faut agir extrêmement vite car le chien peut mourir par étouffement. Là encore, vous devez vous précipiter chez le vétérinaire après avoir essayé de lui mettre un tuyau dans la gueule pour l'aider à respirer.

SON ENTRETIEN

Le labrador est un chien dont l'entretien est des plus faciles. Il semble être «presque» autonettoyant tant la boue et les saletés se décollent par enchantement de sa robe. Comme tous les chiens, il s'avérera nécessaire de lui donner un bain ou une douche, lorsqu'il se sera roulé sur un tas de fumier ou dans des cochonneries qui risquent fort d'incommoder ses maîtres. Il n'est toutefois pas recommandé de laver un chiot de moins de six mois. En attendant, vous pourrez tout au plus appliquer sur son poil un shampooing sec que votre vétérinaire vous aura conseillé. Puis, vous le frictionnerez énergiquement à l'aide d'une serviette en éponge en évitant de lui passer du produit sur les yeux et dans les oreilles. Si Monsieur grogne, négligez ses récriminations: il est sale, il doit passer au bain ou sous la douche, un point, c'est tout!

En règle générale, nous dirons qu'un bon bain tous les trois mois est largement suffisant si votre chien n'est pas particulièrement sale. Pour éviter le risque de refroidissement et de rhumatismes, il est fortement conseillé de bien sécher votre labrador avant qu'il ne sorte dehors. Il faut toujours baigner un chien dans une eau tiède. Au préalable, vous aurez eu soin de protéger ses conduits auditifs à l'aide de tampons de coton et durant la séance, vous veillerez à ce que ni eau ni shampooing ne pénètrent dans ses yeux. N'oubliez jamais de rincer votre labrador s'il s'est baigné dans la mer ou dans un point d'eau quelconque.

L'utilisation d'un shampooing antiparasitaire est particulièrement recommandée au printemps et en été, périodes où puces et tiques reprennent de «l'activité» sur le dos de votre labrador. En cas de problèmes dermatologiques spécifiques, le vétérinaire prescrira certains types de shampooing adaptés à la circonstance.

Quant au brossage du pelage, une fréquence de un à deux par semaine est suffisante.

Les griffes

Tant que le chiot reste à la maison, ses ongles grandissent et ne s'usent pas. Vous pouvez toutefois les couper très légèrement avec un coupe-ongles spécial. Mais faites attention car les ongles sont une zone très sensible, parcourue de nerfs et de vaisseaux sanguins. Ne coupez que le bout et seulement si vous êtes sûr de vous, sinon laissez faire votre vétérinaire. De toute façon, lorsqu'il sera en âge de sortir, il les usera de manière naturelle.

Les dents

Leur croissance et leur position doivent être constamment surveillées chez le chiot. Vous serez particulièrement vigilant au moment du remplacement des dents de lait par la dentition définitive. Pour empêcher la formation et l'accumulation du tartre qui favorise l'apparition des caries, donnez deux à trois fois par semaine des os à ronger à votre jeune labrador pour qu'il s'auto-nettoie les dents. Si les os et les croquettes aident à garder les dents en bon état, cela ne saurait suffire. Aussi n'hésitez pas à lui brosser les dents; il existe pour cela des dentifrices appropriés que vous trouverez chez votre vétérinaire.

Les yeux

Si l'œil coule, nettoyez-le avec du coton hydrophile imbibé d'eau tiède, ou mieux encore, de lotion oculaire, et enlevez délicatement la formation de saletés. Si l'écoulement persiste, il est préférable d'aller consulter le vétérinaire.

Les oreilles

Comme le labrador est un chien aux oreilles pendantes, il faut les examiner régulièrement pour être sûr qu'elles soient bien propres. Si vous avez un doute, sentez son oreille. Une oreille saine ne dégage aucune odeur nauséabonde. Si les oreilles de votre chien ont un parfum suspect, il peut s'agir de gale. Il faudra alors les nettoyer à l'aide d'un coton imbibé de lotion auriculaire ou d'eau oxygénée à 10 volumes. Si la gale persiste, consultez votre vétérinaire.

HISTOIRE, ACTIVITÉS, SERVICES

Le Retriever Club de France a été fondé en 1911, il est donc l'un des plus anciens clubs canins de France et est affilié à la Société Centrale Canine.

Le Club a une activité à travers toute la France et les Départements et Territoires d'outre-mer (DOM-TOM) grâce à un réseau de délégués régionaux, lesquels sont chargés d'informer et d'animer la vie du club dans les différents départements placés sous leur responsabilité ainsi que d'organiser expositions, concours, séances d'entraînement, de dressage, d'obéissance, d'aptitude à la chasse, etc...

Les délégués reçoivent chaque mois la liste des chiots nés le mois précédent afin de leur permettre de répondre aux demandes d'achat de leurs interlocuteurs.

ADRESSES UTILES

FRANCE

Société Centrale Canine
155, avenue Jean-Jaurès
93535 Aubervilliers cedex
France
☎ 01 49 37 54 01

Retriever Club de France
9, rue Jean Mermoz
75008 Paris
France
☎ 01 45 61 21 00
✆ 01 45 61 16 00

Tintagel Winds Labradors
Felicity Leith-Ross
La Petite Bigoterie
89350 Champignelles
France
☎ 03 86 45 78 01

CANADA

**Club Canin Canadien
(Canadian Kennel Club)**
Commerce Park
89, Skyway Avenue,
Bureau 100
Etobicoke (Ontario)
Canada
M9W 6R4
☎ (416) 675-5511
✆ (416) 675-6506

**Club du chien chasseur
de Montréal**
Pierre Fecteau
Canada
☎ (418) 844-2291

BELGIQUE

**Société Royale
Saint Hubert**
98, avenue Giraud
1030 Bruxelles
Belgique
☎ 02 245 48 40
✆ 02 245 87 90

**Section élevage
des chiens de compagnie**
A. De Groote
53, Stropstraat
9000 Gand
Belgique
☎ 09 221 55 98

BELGIQUE

**Fédération Cynologique
Internationale**
13, place Albert 1er
6530 Thuin
Belgique

SUISSE

Retriever Club Suisse
Président:
Jacques Ditesheim
Schwarztorstrasse 7
3001 Berne
Suisse
☎ 031 371 45 11
✆ 031 372 21 50

INTERNET

Le Labrador sur Internet
Le Labrador Online
http://www.hoflin.com/
online/labradorsonline.html